LE TRIPLE HOMME,

Guerrier, Législateur, Protecteur des Arts.

ROUEN

IMPRIMERIE DE BERDALLE DE LAPOMMERAYE,

16, rue de la Savonnerie

—

1844.

NAPOLÉON

LE COMMERCE, FASTES DE SES GLOIRES MILITAIRES, SA POLITIQUE POUR ARRIVER AU POUVOIR

TRAVAUX QU'IL A FAITS POUR L'AGRANDISSEMENT DU COMMERCE

LE GRAND ESSOR QU'IL A DONNÉ AUX FABRIQUES

ET CE QU'IL A FAIT POUR L'UTILITÉ ET LES EMBELLISSEMENTS DE PARIS

HISTOIRE, POLITIQUE ET MORAL

OBSERVATIONS ET RÉFLEXIONS.

AU COMMERCE, AUX AMIS DE SA GLOIRE

A L'EUROPE

Par J. F. L. ancien Commerçant à Paris

Les fruits du travail ne sont pas l'affaire d'un jour
Patience et courage sont les vertus du sage

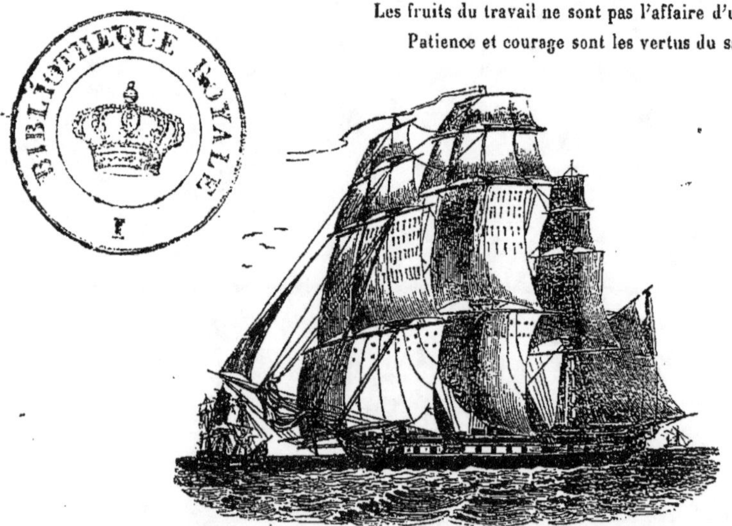

ROUEN

IMPRIMERIE DE BERDALLE DE LAPOMMERAYE

16, rue de la Savonnerie

1844

AVERTISSEMENT.

Dans le temps ou nous vivons, où il est encore beaucoup de personnes qui ont connu le grand homme, je crois qu'ils ne peuvent voir qu'avec douleur l'oubli en quelque sorte, de tout ce que cette grande célébrité a fait pour le bonheur de la France, par tous les travaux et constructions qu'il a ordonnés et fait faire, qui semblent ne plus leur être nécessaires. Dans cette circonstance, j'ai cru devoir rappeler à la mémoire ce grand génie qui aimait sincèrement son pays, tout ce qu'il a fait dans l'intérêt du commerce, ce qui immortalisera son nom, autant que sa gloire militaire ; jamais, dans aucun temps, souverain ne fit d'avantage pour la France, de plus rien qui égala ce qu'il a fait faire pour l'utilité et l'embellissement de Paris, à cause de tous ces changements qui ont eu lieu depuis la mort du grand homme, je pense que l'on verra avec plaisir, dans le temps où nous sommes, sa nouvelle apparition, pour quelque temps, dans ce monde, ce qu'il pense de la France après l'avoir visitée partout, son étonnement à l'égard de cette entente cordiale avec l'Angleterre, et cette grande protection accordée au produit de son sol, de ses fabriques, chemins de fer et autres ; réflexions et observations sur les torts que font et feront toutes ces innovations étrangères. On a bien parlé de la gloire militaire de Napoléon, mais peu des travaux qu'il a fait faire dans l'intérêt du commerce, ce que j'ai vu dans mes longues années de voyage pour le commerce, toutes choses que j'ai pensé faire connaître dans ma convalescence, à la suite d'une longue et douloureuse maladie dont les causes remontent à 52 ans et plus, ayant fait les quatre premières campagnes de la guerre, couché sur les glaces et à l'humidité, comme tant d'autres camarades qui vivent encore, avec rhumatisme et autres infirmités, officiers, soldats, tous paient les tributs à la rigueur du temps.

Les détails de ce petit ouvrage étant généralement ce qui a rapport au commerce, et à la civilisation, plus tard, j'aurai occasion de parler de son origine par les Phéniciens, et ses progrès en Europe.

Le Commerce fut une inspiration divine, la pensée la plus heureuse pour réunir les hommes en société, il commande aux égards réciproques. d'où découle cette grande et douce satisfaction du cœur qui fait tant plaisir.

Heureux mille fois si je puis être agréable, en descendant dans la tombe, où j'ai le pied très enfoncé, ce sera pour moi une consolation en rendant mon dernier soupir.

NAPOLÉON.

Sa politique fut d'avoir compris tout ce que le caractère français a de noble et de grand, de plus, son intelligence industrielle, toutes choses qui remontent à l'origine de sa fondation monarchique, malgré l'esprit belliqueux de la nation, son application à l'Agriculture, à l'Industrie, et au Commerce, se faisait toujours remarquer.

Depuis sa mort on a beaucoup parlé et l'on parlera encore long-temps avec justice, de sa gloire milaitre; mais peu ont parlé de tous les travaux qu'il a fait faire dans l'intérêt du pays, pour faciliter les communications commerciales de l'intérieur et avec les puissances étrangères qui nous avoisinent; ayant compris comme les grands hommes qui ont gouverné la France dans les siècles qui nous ont précédé, que l'Agriculture et le Commerce d'où découle la prospérité sont l'âme et la vie d'un état, source de toute industrie; malgré son goût dominant pour les armes, il fit tout pour agrandir le commerce de la France auquel il donna le plus grand essort dans tous les états; de plus, comme les arts avaient beaucoup souffert par suite du Vandalisme de plusieurs années, temps de plus tristes et affligeants souvenirs, depuis 1789, il s'empressa de réparer tous ces malheurs autant qu'il lui fut possible, à l'aide d'hommes de bon vouloir et de capacités, et tout cela sans rien perdre de cet esprit de domination dont il était animé, fier de commander à des Français dont la valeur remonte dans la nuit des temps, quand l'on se rappelle ces Sennois ces fameux Brennus vainqueurs des Romains.

Comme le commerce était l'objet d'un soin particulier, il se mit à l'œuvre, par la réparation des anciennes et nouvelles routes qu'il fit construire, il en fut de même, pour la navigation à l'égard des fleuves, rivières, et canaux; comme il avait fait de grands progrès dans ses études, son vaste génie embrassait toutes les parties; ayant de grandes connaissances en mathématique dans le génie militaire, ils furent reconnus par le général Dampierre qui, au siége de Toulon, en 1792, le nomma lieutenant d'artillerie. Après qu'il fut nommé premier Consul il fit un voyage à Amiens, à la suite d'un traité de paix avec l'Angleterre, traité qui dura peu et qui, comme l'on sait, ne fut que pour tromper la France, notre commerce fit des pertes considérables, attendu que l'Angleterre s'emparait de tous les navires du commerce français avec leur cargaison en allant et en revenant des colonies. Premier consul en 1800, à son voyage à

Amiens, à table, il eut occasion de dire que jamais nomination aux grades supérieurs ne lui avait fait tant plaisir ; il fut reconnu digne de gouverner un royaume comme la France, ainsi que de monter s'asseoir sur un trône qu'il avait élevé à la place de celui qu'occupèrent depuis un grand nombre de siècles, des rois aimés du peuple, l'honneur et la gloire de la France, et dont le dernier de ces rois, Louis XVI, si digne d'être aimé par ses vertus, ses connaissances et le bien qu'il a fait, fut victime d'une excessive bonté, de sa trop grande confiance et d'une perfidie des plus noires, préparée par la plus affreuse calomnie.

En arrivant au pouvoir, Napoléon reconnut que nos lois criminelles, civiles et du commerce, étaient peu en rapport avec l'esprit d'un peuple qui venait de s'émanciper ; comme il se connaissait en hommes, ce qu'il avait prouvé par le choix de ses officiers-généraux, de même, il fit un choix d'hommes de la plus grande capacité, dans chaque partie spéciale, pour la direction des affaires générales du royaume a qui, par leurs connaissances, il chargea de rédiger les codes nécessaires à cet effet, codes qui étaient d'une nécessité des plus urgentes, dont le mérite fut reconnu tel, qu'ils régissent encore en général la France aujourd'hui.

Pour suivre les diverses circonstances les plus importantes de sa vie, il est bon de rappeler son voyage en Égypte en 1798, que les jaloux de sa gloire avaient provoqué. Apprenant ce que souffrait la France de toutes les nouvelles discutions sanglantes des divers partis. Aussitôt, en 1799, il quitte l'Égypte, arrive à Paris en octobre, le 10 novembre de cette année, fait le voyage de Saint-Cloud, si connu pour avoir fait fermer les portes où se rassemblaient les députés ; il manqua d'être assassiné par Arena, un de ses compatriotes ; c'est à cette époque qu'il fit supprimer les barrières, malgré tous les droits que payaient les voyageurs à cheval, diligences et voitures de toutes espèces ; les routes étaient dans un état pitoyable ; le calendrier Grégorien fut rétabli ; il fit faire la réouverture des églises, nomma les évêques tel que faisaient nos rois, toutes choses qui dans cette occurence, contribuèrent infiniment à sa grande élévation pour régner sur la France, heureuses inspirations pour arriver au suprême dégré du pouvoir tel qu'il le desirait.

Ensuite, tel que j'ai dit, malgré ses goûts dominants pour la guerre, il s'occupa avec empressement de tout ce qui pouvait faire fleurir le commerce, tant pour les communications intérieures de la France que pour celles avec les puissances étrangères qui nous avoisinent, réparation des anciennes, en faire de nouvelles ainsi que des canaux, et l'amélioration des fleuves et rivières ; tous ces travaux marchaient ensemble avec une célérité étonnante qui semblait tenir du prodige ; les plus grandes difficultés étaient vaincues, tout semblait céder aux volontés du grand homme, on peut en juger par la construction du canal de Saint-Quentin, la jonction

de l'Escaut à la Somme, canal souterrain sur une étendue de plusieurs lieues, éclairé par des puits de distance
en distance, qui donnent un peu de jour, canal qui
avait pour cause l'aprovisionnement de la capitale en
matières combustibles, charbons de terre et bois; pour
ajouter à ceux qui ne suffisaient pas, et ce qui a donné
lieu aux nouveaux établissements d'une grande quan-
tité de fabriques qui se sont établies dans les environs
de la capitale, dans laquelle, en même temps, il fit faire
de belles places publiques et marchés qu'il embellit par
de beaux monuments à la gloire des braves qui avaient
combattu pour la patrie, en éternisant ainsi leur mémoire; de plus, il fait construire de beaux greniers
d'abondance et de réserve, un grand entrepôt de li-
quides, vins et eaux-de-vie, des magasins sur le canal
Saint-Martin pour recevoir les marchandises venant
des colonies, canal alimenté par les eaux venant du
bassin de la Villette, qui vont se perdre dans la Seine;
on sait que le bassin de la Villette est très élevé au-
dessus de Paris, et, qu'outre l'eau qu'il fournit au canal
Saint-Martin, il fournit l'eau aux belles fontaines et
bornes-fontaines, pour l'utilité des habitants et l'assai-
nissement de la ville; toute eau qui vient du bassin de
la Villette par le canal de l'Ourcq, nom d'une petite rivière
qui a sa source au-dessus de Meaux qui l'alimente. Voilà
pour Paris et ses environs. A présent en voici d'autres, non
moins considérables, qui sont ces belles routes pour
communiquer avec plus de facilité dans l'intérieur du

pays jusqu'aux frontières, et pour agrandir nos relations commerciales avec les puissances étrangères qui nous avoisinent. Dans le grand nombre de routes qu'il fit faire, il y en a trois digne d'être remarquées qui sont : celle qui conduit à Genève passant par Troies, Besançon, et les montagnes du Jura, arrivant à Genève par Saint-Claude et Gex ; comme il y a beaucoup de buis et d'herbes aromatiques dans ces montagnes, on y respire une odeur des plus agréables dans la belle saison ; de Genève pour venir à Lyon, les principaux travaux sont à la montagne de Cerdon, un peu du côté de Nantua ou les eaux de son petit lac réfléchissent toute la ville, il en est aussi quelques autres du côté de Bourg en Bresse, qui conduit à Lyon, par le pont d'Ain et Montluel.

Ensuite se font remarquer les travaux de Paris à Chambéry, passant par Moulins, Rouane, Tarrare, Lyon, Bourgoin, la Tour-du-Pin, les Échelles, Chambéry. Les travaux de Paris à Moulins, furent peu importants pour les réparations, mais ceux de Moulins à Lyon furent considérables, surtout à partir de la Palisse pour arriver à Rouane ; il y a 45 à 50 ans, cette route était dans un état affreux, outre ces accidents de terrain, monter, descendre, souvent les voyageurs étaient obligés de quitter la diligence pour aller à pied, et s'enfonçant dans des terres glaiseuses jusqu'à mi-jambes ; de Rouane à Tarrare, l'ancienne route était aussi des plus fatiguante, à présent, c'est bien différent à cause de la nouvelle direction qu'on a donné à la route pour adoucir la pente du coté de Tarrare et la Bresles pour arriver à Lyon par le faubourg de Vaise, ou l'on se trouve sur la rive droite de la Saône que l'on suit jusqu'au pont de pierre pour arriver place des Terreaux à l'Hôtel de Ville ; depuis Vaise jusqu'au pont de pierre, il est impossible de se faire une idée des travaux qui ont été faits pour l'élargissement de la route, surtout ceux pour abattre une partie de rocher, vis-à-vis l'homme de la roche ; comme c'était avec la mine, il y eut des victimes, j'ai manqué d'en être du nombre, j'eus quelques contusions ; sur le haut de la Montagne est Leuliasse, le père la chaise de Lyon ; en suivant au midi on arrive à Saint-Just, ou il y a une chapelle très révérée ; à l'extérieur, à l'est, est un point de vue admirable surtout au coucher du soleil dont la chaîne des Alpes réfléchit la lumière longtemps après qu'il est disparu à Lyon, attendu qu'une grande partie des cimes des montagnes sont toujours couvertes de neiges comme le Mont-Blanc ; à peu de distance de la chapelle, au midi sont des restes d'antiquité romaine, anciens acqueducs, d'où l'eau venait de Saint-Genis dans cette partie haute de la ville pour arriver au confluent du Rhône et de la Saône à la muletière ; on suit l'avenue de Perrache, il y a 30 ans on voyait les fondations du palais du roi de Rome, que Napoléon voulait faire construire, pour aller de Lyon à Chambéry, on passe à Bourgoin ; la Tour du Pin, aux Échelles, où se fait remarquer le passage de la montagne pour arriver à Chambéry, la route est percée dans un roc parallèlement à celle que faisait faire Napoléon, travaux immenses dignes d'Annibal, plus qu'une conquête a dit un historien dont le souvenir restera à jamais gravé dans ma mémoire, par l'impression que m'a fait le passage de cette route percée dans le rocher; j'étais seul et nullement prévenu quand je partis de Chambéry pour venir aux Échelles; à l'entrée sur la gauche il y a une chute d'eau de trois à quatre cents pieds, qui tombe dans un bassin fait par la nature, et dont les eaux sortent à quelque distance traversant la grande route! Par un beau temps on voit constamment à l'endroit de la chute, une vapeur qui s'élève et fait un arc-en-ciel des couleurs les plus vives, j'ai voulu toucher les prismes qui font un effet extraordinaire sur la main, curiosité que j'ai payée, car je fus mouillé jusqu'à la chemise et échappé de tomber dans le bassin, je me retirai sur la route près de mon cheval que j'avais attaché à un arbre, comme il faisait chaud je fis sécher mes vêtements, après je montai à cheval pour aller coucher aux Échelles, en passant par le chemin qu'Emmanuel II, duc de Savoie avait fait faire, attendu qu'alors on ne faisait que commencer celui de Napoléon; j'étais seul, et sans être prévenu, je crus descendre aux enfers, plus de jour : j'étais de plus en plus inquiet quand heureusement, au loin, j'aperçus un petit jour du côté des Échelles. A droite, en sortant, on voit une inscription où sont les détails des causes qui ont donné lieu à des travaux si considérables, principalement que c'était pour communiquer avec la France, et faciliter la communication de la petite ville des Échelles avec Chambéry, attendu qu'avant il fallait passer par dessus la montague par le moyen d'échelles faites exprès, ce qui fit nommer la petite ville *les Échelles*, où j'arrivai assez tard le soir veille de l'Ascencion, jour de grande solemnité que je passai dans cette ville; j'assistai a l'office, et je vis avec surprise la cérémonie peu commune que font les habitants du pays. Au moment de la procession, ils se couvrent d'une tunique surmontée d'un capuchon qui leur couvre la tête où sont des ouvertures œillères vis-à-vis les yeux, pour y voir et pour pouvoir chanter le livre à la main; les femmes aussi généralement prennent ce vêtement, si ce n'était dans un sentiment de piété puisqu'on appelle les hommes et les femmes des pénitents blancs, les personnes étrangères au pays verraient ces cérémonies comme un travertissement de carnaval.

Route pour aller en Italie.

Comme il en est plusieurs qui traversent les Alpes, je parlerai seulement de la plus fréquentée, passant à Grenoble, le mont Cenis et Turin, ou l'on a le pied dans la botte pour voyager dans toute l'Italie et autre partie de l'Europe, le point de départ étant à Lyon, on passe à

Grenoble * en remontant l'Isère jusqu'à Mont-Melians, peu éloigné de Chambéry, petite ville ou l'on quitte l'Isère, qu'on laisse à gauche, prenant à droite pour aller à Aiguebel, où l'on remonte une petite rivière dont la source est au pied du Mont-Cénis ; après avoir passé à Aiguebel on arrive à Saint-Jean-de-Maurienne, nom de la vallée, et de tous les pays environnants, qui fait une petite province qu'on a appelé la Maurienne.

Dans ce parcours d'Aiguebel au Mont-Cenis on ne peut se faire une idée des travaux immenses qui ont été faits pour aller en Italie, ceux qui comme moi ont connu l'ancienne et la nouvelle route, savent les difficultés insurmontables qui furent vaincues, c'est ici le cas de dire, la vérité n'est pas vraisemblable, tant il est vrai que rien ne résiste à une volonté ferme qui n'a que de bonnes intentions pour faire le bien. L'ancienne route passait sur des rochers couverts de bois suivant la chaîne des montagnes au midi et regardant le nord, que l'on descend pour suivre en partie en remontant jusqu'à Termignon, petite rivière qui prend sa source au pied du Mont-Cenis au dessus de Lanslebourg, de Termignon à Lanslebourg en allant au Mont-Cenis, on la laisse sur la droite où elle descend pour aller se perdre dans l'Isère ;

* La Grande-Chartreuse en est peu éloignée et digne d'être visitée. Rien de plus admirable que de voir ce désert où saint Bruno fonda le monastère au XIe siècle, et de voir tout le parti qu'en ont tiré, par des défrichements dont on ne peut se faire d'idée, ses disciples qui lui ont survécu ; dans cet endroit, on sait tout le bien qu'ils faisaient et tous les services qu'ils rendaient aux voyageurs qui les visitaient, pauvres comme riches pouvaient s'y reposer trois jours, à l'indigent on lui donnait 24 sous en quittant la maison.

avant la nouvelle route, tous les transports d'Italie en France jusqu'à Grenoble, en majeure partie, se faisaient sur des bâts à dos de mulet, animal beaucoup plus propre que le cheval pour gravir les montagnes; comme ils sont toujours plusieurs, c'est une espèce de caravane, je les ai suivis plusieurs fois, attendu que, comme les rouliers, ils sont bien accueillis dans les auberges où ils arrêtent, ils marchent toute la journée, ne prenant du repos que le soir, les mulets qui procèdent de l'âne sont sobres, patients, mais entêtés, ayant tous les vices de ce dernier; à présent depuis que la nouvelle route est faite les diligences et toutes autres voitures la parcourent de Lyon à Turin en Italie comme sur nos belles routes; on sait que Turin est la ville ou l'on met les pieds dans la botte pour, tel que j'ai dit, aller dans toute l'Italie, et que le Mont-Cenis est aujourd'hui un des principaux passages, de même, en suivant la chaîne des montagnes des Alpes qui va se perdre dans la mer; au midi il est aussi beaucoup de passages qui ont nécessité de grands travaux pour faliciter les relations commerciales dans cette partie du midi, routes bien plus profitables aux peuples de ce pays que les chemins de fer, dont heureusement pour ces pays il sera difficile de les doter, à cause des accidents de terrain; quoi qu'il en soit, ils n'en paieront pas moins pour ceux qu'on fait ailleurs.

Dans la belle saison on ne peut se lasser d'admirer le beau plateau du Mont-Cenis, qui n'est pas d'une grande étendue, où il n'y a qu'une hôtellerie du côté de la France sur la gauche en arrivant, nommée la Croix-

Blanche, ou j'ai séjourné et couché plusieurs fois. Rien de plus admirable que la verdure des belles prairies sur ce plateau d'une grande étendue sur la gauche en allant en Italie, que l'on remarque sur le versant des montagnes jusqu'aux glaciers souvent couverts de neige, dont la blancheur fait un admirable contraste avec la belle verdure; plus loin, à quelque distance de l'hôtellerie est un couvent des Pères, dont l'origine, dit-on, remonte à saint Bernard; à peu de distance du Mont-Cénis, qui fait partie de cette chaîne de montagnes des Alpes qni va se perdre du côté de Nices et d'Antibes dans la mer, les foins qui viennent dans la prairie sont si bons que les chevaux les préfèrent à l'avoine, attendu que les herbes sont d'une odeur des plus odoriférantes; vis-à-vis le monastère sont des petits lacs ou l'eau est de la plus grande l'impidité dans lesquels sont beaucoup de de poissons que l'on voit dans l'eau, lacs autour desquels sont des roches comme de l'albâtre. Passé ces endroits pour aller du côté de l'Italie, on descend à la petite ville de Suze, l'une des plus ancienne d'Italie, qui se fait remarquer par des monuments de la plus haute antiquité, et qui méritent qu'on y séjourne pour les visiter; ces monuments sont divers arcs de triomphe, construits dans différents siècles; mais un monument des plus anciens, c'est une tour carrée soutenue par des montants en fer et cerclée comme un tonneau; sur le haut de la tour qui est une plate forme, au milieu est encore un ancien trident que le temps n'a pas anéanti par la rouille, ce qui fait croire

qu'il faisait partie autrefois d'un temple dédié à Neptune;
toutes ces choses sont bien dignes de l'attention des voyageurs qui ont rarement occasion d'aller en Italie.

En descendant le Mont-Cenis pour arriver à Suze,
à peu près à moitié chemin, on passe sous une voute percée dans un roc de la plus dure espèce de granit. Depuis
que l'on s'occupe d'éterniser la gloire de Napoléon, j'ai
souvent pensé qu'il serait beau de placer sur ce rocher
la statue équestre du grand homme, avec son regard
tourné vers l'Italie, où il lui semblerait revoir tous ces
champs de batailles où il cueillit ses premiers lauriers;
ceux qui connaissent cet endroit encore très élevé,
savent de qu'elle étendue porte la vue sur ces champs
de batailles, où le Pô et les deux rivières affluentes ont
souvent été teintes du sang des combattants; cette chose
ne pourait que faire honneur au souverain du pays, en
reconnaissance de tous ces travaux qu'il a fait faire,
dont profite le peuple qu'il gouverne.

Dans sa prospérité, malheureusement, le grand
homme oublia qu'il était mortel, ce qui est assez général à tous les grands hommes, qui, quoique payant
comme tant d'autres le tribut des faiblesses humaines,
se croient immortels; le vieux temps donnant toujours
un lendemain dans l'ivresse du bonheur des jours qui ont
précédé, il pensent que pour eux il n'y aura jamais de
fin à leur prospérité; mais bientôt cette erreur fut dissi-
pée, malgré son bonheur et son immense fortune, de
plus chargé de lauriers.

Comme rien n'est stable dans la vie de l'homme, il arriva que tout-à-coup les plus belles espérances se changèrent en adversité, ce fut en partie l'ouvrage de l'Angleterre, qui, outre son armée, avec son or, faisait agir les puissances étrangères; à l'égard du grand homme, on sait quel triste résultat eut pour lui son abdication forcée à Fontainebleau, résultat qui était loin de faire espérer des suites heureuses pour la prospérité de la France. Les puissances étrangères ayant été bien inspirées en faisant monter sur le trône le frère du saint roi martyr Louis XVI, Louis XVIII, homme de grand mérite et de capacité, qui obtint par le traité d'avril 1814 tous les avantages auxquels les Français s'attendaient peu, dans une circonstance du plus grand désastre, néanmoins, quoi qu'il en fût, l'on vit alors le commerce, les fabriques, prendre un nouvel essort, surpassant ceux du temps de Napoléon; la France reprenait ses anciennes limites avant 1789, de plus, la principauté de Monaco; mais chose plus importante, c'était la conservation de tous les monuments et chefs-d'œuvre des arts des pays étrangers, que nos armées avaient conquis, jusqu'au beau quadrige de Venise et l'épée du grand Frédéric, ainsi que tous les étendarts et drapeaux attachés au dôme des invalides. L'agrandissement du commerce maritime tenait du prodige, de même que celui du travail dans les fabriques; c'est alors que, bientôt, la mer fut couverte de vaisseaux marchands qui la sillonnaient partout pour aller dans toutes les parties du monde, principalement en Amérique, dans les Antilles, à la Guadeloupe, la Martinique, mais plus particulièrement à Saint-Domingue, où les habitants des principales villes de commerce maritime avaient de grands intérêts, avant la révolte des noirs naturels du pays, qui massacrèrent tous les propriétaires blancs, même jusqu'à des mulâtres. L'Angleterre était loin de de s'attendre qu'en si peu de temps, la France eut acquit de si grands avantages. Pour arrêter ce grand progrès du commerce de la France, et se venger d'une manière plus particulière du tort que Napoléon avait fait à son commerce, en faisant brûler toutes les marchandises de ses fabriques dans tous les pays conquis, ce qui était considérable, puisque la France comptait alors cent six départements, que les alliés abandonnaient encore à Napoléon au traité de Chatillon-sur-Seine qui étaient entrés en France après avoir repoussé les Français en deçà du Rhin, offre que, malheureusement pour lui, il n'a pas accepté; on connait ce qu'il advint de malheureux pour la France dans les départements de l'est, malheurs qui, néammoins, eurent par la suite des résultats heureux et inespérés; alors tel que je l'ai fait connaître par suite du traité d'avril 1814, de même les causes et motifs qui ont donné lieu à son abdication à Fontainebleau, où on ne lui laissa que l'île d'Elbe, avec une garde d'honneur de son choix, où il resta dix mois environ; l'Angleterre voulant se venger d'une manière particulière de sa personne et arrêter les progrès de notre commerce maritime et de nos fabriques; il arriva les cent jours.

Les Cent Jours.

Pour accomplir ses affreux desseins, l'Angleterre vint favoriser le retour de Napoléon en France, au mois de mars 1815, ce qui donna lieu au grand conflit de cette époque, où le grand homme mal conseillé, mal inspiré, ne se doutait pas qu'il était la dupe et une victime de la perfidie anglaise, par son machiavélisme. Ayant tout préparé pour faire un Waterloo, dernière bataille du grand homme, dont les résultats furent des plus fâcheux pour sa personne ; à la merci des Anglais dont il fut prisonnier, et bien fâcheux aussi pour les intérêts de la France, à cause de tous les partis divers auquel donna lieu le gouvernement de la multitude, et tel, il en sera tant qu'il existera, ce dont nous avons la triste expérience, depuis cinquante-six ans que nous avons fait essai de tous les gouvernements possibles ; avec les flatteurs du peuple, mille fois pires que les flatteurs des rois, qui, pour arriver au pouvoir, promirent à ce peuple un gouvernement à bon marché, ce qui fut dans le sens inverse, a produit un budget monstre de quinze cents millions et plus ; on connaît avec qu'elle avidité tous ces hommes puisent dans le trésor public, pour eux, et pour se faire des amis, sans souci de toutes les peines que se donnent la plus grande partie des contribuables, par un travail continuel, pénible, arrosés de leur sueur ; ainsi se sont fait remarquer principalement les années 1830 et 1840, toujours en ascendant jusqu'à ce jour, mais par dessus tout les progrès budgetaires de 1840; des ministres ont osé ce que n'auraient osé les plus grands dépostes; et cela pour faire une dévastation d'où sont disparus tous les beaux sites qui environnaient Paris, sites qu'il semble que la nature avait faits exprès pour l'une des plus belles capitales du monde, sites où dans la belle saison ses habitants allaient respirer un air pur pour détruire ce miasme empesté dont ils souffrent, entassés les uns sur les autres jusqu'à un septième et huitième étage, tous travaux auquels a donné lieu la panique d'un ministre de 1840, à cause de ces discours menaçants qui donnèrent des inquiétudes aux puissances de l'Europe, ce qui leur fit prendre une attitude de défense tel, que ce ministre se trouva intimidé ; déjà il les croyait en deçà du Rhin, ce qui donna lieu à sa panique ; les règnes où le peuple était heureux, ne furent pas ceux où les ministres étaient des athlètes de tribune, tous ces Démosthènes, en général, n'ont fait que les malheurs de leur patrie, en divisant et formant des partis, faisant oublier ce temps où la France unie n'était qu'un bras et une épée, il y a plus, cet homme à son avénement au ministère, a porté une grande perturbation dans le commerce de détail; au XIVe siècle, Charles V dit le sage, si justement nommé, fit bâtir cette bastille qui fut détruite en 1789, et six sciècles après on en fait bâtir vingt avec un mur d'enceinte de douze lieues et plus,

2

qui, pour la force, défirait le mur qui sépare la Chine de la Tartarie, tous travaux qui rendent les abords de la capitale des plus tristes, et qui, dans ce temps, firent oublier les réparations nécessaires à nos places-frontières et à nos ports maritimes; de telles concussions, pour faire de si grands désastres, affligent sensiblement d'autant plus que toutes ces choses étaient sans besoin ni nécessité; avec leur art étudié de tromper la crédulité publique, ces hommes abusent impunément de la confiance dont ils sont honorés; voyez dans certains lieux, tels que la plaine Saint-Denis, Belleville, Mesnil-Montant, Montreuil aux belles et bonnes pêches, Fontenay aux roses, si bien chanté par le gentil Bernard avec sa Claudine qui lui inspira par son amitié ses beaux vers de l'art d'aimer; arrivons à Auteuil, qu'elle tristesse en voyant tous ces affreux désastres dans ce joli petit village, de grands souvenirs par la mémoire des hommes illustres qui l'habitaient dans la belle saison, dans ce siècle de toutes sortes de gloires, *qui fut le plus beau soleil du midi de la France.* Hélas de quel étonnement serait tous ces hommes célèbres, si Dieu permettait que, pour quelque temps, ils reparussent dans ce monde, en revoyant ces lieux de tant d'agréments qui faisaient leurs délices, aujourd'hui si tristes, si méconnaissables; de même la belle forêt du bois de Boulogne, où souvent ils allaient méditer leurs sublimes ouvrages; forêt dans laquelle souvent principalement s'enfonçait notre immortel La Fontaine, pour chercher ses inspirations, pour faire parler toute la nature ; à ces souvenirs je demande si Napoléon, qui aimait tant les hommes de mérite, eut permis tous ces désastres qu'a fait la hache du bucheron et la pioche du terrassier, et encore moins ceux du joli petit village, l'académie de toutes ces célébrités, et que dirait Boileau, à l'égard des embarras de Paris.

Malgré leur application à des écrits du plus grand mérite, dignes du siècle de ces temps, qui les rendront immortels, néamoins de temps à autre, ils se réunissaient pour une partie de plaisir : ce qui me fait rappeler une anecdocte de cette époque, où le vin jeta tous les convives dans la joie la plus immodérée, et la morale la plus sérieuse en faisant des réfléxions sur les misères de la vie, sur cette maxime peu consolante *que le premier bonheur est de ne pas naître, le second de mourir promptement ;* ces pensées chagrines et mélancoliques leur firent prendre une résolution extravagante, ils résolurent d'aller se jeter à la Seine, il était nuit et ils allaient exécuter leur acte de folie, lorsque Molière leur représenta qu'une si belle action ne devait pas être ensevelie dans les ténèbres, et qu'elle devait se faire en plein jour, à la face de tout Paris ; cette plaisanterie les arrêta, et Chapelle, l'un d'eux, dit : *il a raison, allons boire le vin qui nous reste et ne nous noyons que demain ;* on pense bien que le sommeil ayant, pendant la nuit, dissipé les vapeurs du vin, le lendemain, il ne fut plus question de cette résolution tragi-comique.

Revenant à Napoléon, pour répondre à cette pensée injurieuse qu'on lui prête, non jamais il n'aurait souffert

que la hache du bûcheron et la pioche du terrassier
eussent porté atteinte à cette belle forêt qu'il aimait ainsi
que les divers châteaux renfermés dans son enceinte, surtout le château de Madrid de si grand souvenir. De son
temps, la France comptait cent-six départements, et le
budget n'était que de neuf cents et quelques millions, aujourd'hui, la France, qui n'en a plus que quatre-vingt
six, en paie quinze cents et plus, ce qui est presque le
double, dans la proportion des départements. On peut être
certain que, s'il eût survécu à ses malheurs, il n'aurait
jamais, dans quelque circonstance malheureuse que ce
pût être, accordé à l'Angleterre cette grande protection
si préjudiciable aux intérêts du pays, et surtout l'autorisation qui lui a été accordée depuis quatre ou cinq ans,
d'introduire chez nous les produits de son sol et de ses
fabriques. On sait que six passages lui furent ouverts pour
cette faveur ; Honfleur est le plus important, à cause de
sa proximité et de cette grande navigation qui se fait de
l'embouchure de la Seine jusqu'à Rouen, aussi les Anglais
n'ont-ils pas manqué de profiter d'un si grand avantage ;
aussitôt, on vit le port d'Honfleur couvert des produits de
l'Angleterre, des balles de trois à quatre cents kilos, dont
son petit port était couvert, renfermaient des marchandises de toutes sortes, principalement des toiles, des fils
et des lins pour filer. J'ai entendu les plaintes des cultiva-
teurs, des fabricants et des ouvriers de ces contrées, à ce
sujet, d'autant plus que les produits ligneux font toute la
richesse du pays. Napoléon protégeait la fabrication de la

toile d'une manière toute particulière, à tel point, qu'on sait qu'il proposa un million pour prix, au mécanicien qui ferait une machine propre à filer le lin comme le coton, pour que nous ne soyons plus dans la nécessité d'aller acheter des toiles dans les Pays-Bas où les marchands français portaient beaucoup d'argent, surtout à Courtrai, Ath et Gand. On peut dire que tout ce que le grand homme fit dans l'intérêt du commerce, a fait sa gloire, autant et plus que celle de ses armes.

Fastes des gloires du grand homme jusqu'à sa mort.

1. A sa sortie de l'école de Brienne, nommé lieutenant d'artillerie, par le général Dampierre, en 1792, au siége de Toulon....................... 1792.
2. Commandant d'artillerie en chef à l'armée d'Italie. 1794.
3. Général en chef à la même armée............... 1797.
4. Général en chef en Égypte.................. 1798.
5. Son retour en France, au mois d'octobre........ 1799.
6. Premier consul, même année................. 1799.
7. Bataille de Marengo, 14 juin................ 1800.
8. Empereur et roi d'Italie en.................. 1804.
9. Bataille d'Austerlitz, 2 décembre............. 1805.
10. Autres diverses, avec avantage, jusqu'à......... 1814.
11. Même année, son abdication à Fontainebleau..... 1814.
12. Sa dernière bataille, à Waterloo, 18 juin........ 1815.
13. Prisonnier des anglais qui l'ont conduit à l'île Sainte-Hélène, cette même année.................. 1815.
14. Mort à l'île Sainte-Hélène, à 52 ans, le 5 mai..... 1821.
15. Translation de son tombeau en France.......... 1840.

Tels sont les fastes des gloires militaires du grand homme, joints à tout ce qu'il a fait pour la prospérité du commerce, toutes choses qui l'immortaliseront jusqu'à la postérité la plus reculée ; long-temps, la jeunesse chantera, malgré sa triste fin : grand'Mère, il était là, il était là, grand'Mère ; mais, malheureusement, il n'était plus à Waterloo ce qu'il avait été au traité de Campo-Formio, dictant des lois aux puissances de l'Europe, quoique, en 1815, il fût encore dans toute la force de l'âge, quarante-six ans. Mais il est bon de considérer que sa grande application au travail avait considérablement affaibli son énergie, semblable à un homme courbé avant le grand âge, par suite des fatigues extrêmes et des travaux pénibles des champs où il ne s'est donné aucun repos ; de même, le grand homme, après une bataille dont il était sorti vainqueur, se renfermait dans un cabinet pour rendre des décrets d'opportunité nécessaires à l'administration du royaume ; pendant ce temps, officiers et soldats reposaient, lui, pour vaincre le sommeil autant qu'il est humainement possible, prenait beaucoup de ces deux antinarcotiques si connus et si en usage aujourd'hui, *le Café et le Tabac*, qui font les délices du pauvre comme du riche, le café surtout ; car, dans la plus pauvre chaumière, le cœur de la ménagère bondit de joie à son réveil, lorsqu'elle pense à son café que souvent elle a préparé la veille.

Napoléon fut un homme rare, un phénomène tel que ces comètes éclatantes qui ne reparaissent qu'après

un grand nombre de siècles, ce qui m'a fait naître la
pensée de sa nouvelle apparition, dans la circonstance où
nous sommes, pour marquer son étonnement de voir la
France tributaire de l'Angleterre, et cette grande protection accordée à cette nation, depuis quatre ou cinq ans
sans que l'on puisse en prévoir le terme, à cause de cette
entente cordiale que semble diriger une puissance occulte.
Jusqu'aux chemins de fer, quoique ce soit du goût de la
plus grande partie des puissances de l'Europe, cherchant
en tout à imiter l'Angleterre qui s'est suicidée avec toutes
ses innovations ; dévorée par l'ambition, elle voulait exploiter seule le commerce du monde ; elle en fut punie !
voyez son peuple, semblable aux Juifs, il est obligé à
aller chercher du travail en tous pays, afin de pouvoir
vivre.

NAPOLÉON reparaissant dans ce monde, son étonnement à cause de tous les changements survenus depuis sa mort.

Vingt-trois ans et plus se sont écoulés depuis qu'il
n'est plus ! ceux qui l'ont connu et qui ont vu tous les
travaux qu'il a fait faire dans l'intérêt du commerce au
milieu de ses gloires militaires, et ceux pour l'utilité de
la capitale et son embellissement, verraient avec plaisir,
dans les circonstances où nous sommes, que Dieu permît
qu'il reparût dans ce monde pour quelque temps et qu'il
revît cette belle France qu'il a tant aimée par goût et par

sympathie, à cause de son caractère belliqueux et de son esprit industriel, et qui était si digne de l'être.

Après avoir visité de nouveau cette belle France, et vu tous les pays qu'il a parcourus, il dirait : quoi, est-il possible que ce soit ce peuple si national dont la valeur remonte dans la nuit des temps, peuple avec qui j'ai cueilli tant de lauriers, qui, au retour de mes campagnes victorieuses auxquelles il avait la plus grande part, et disant : il me souvient que lorsque je mettais les pieds sur le sol français, je ne pouvais traverser le plus petit hameau sans voir sur la route un arc de triomphe sous lequel il fallait que je passe; des jeunes demoiselles y avaient jeté des fleurs; j'étais aussi sensible à cette manifestation de joie de simplicité, qu'à celles des apprêts de grandeurs qui m'étaient faites dans les bourgs et villes, où de jeunes demoiselles aussi venaient avec de belles corbeilles rem-plies des fleurs les plus rares, avec des couronnes et des bouquets; l'horticulture fournissait ce qu'il y avait de plus beau et de plus riche. Enfin, partout c'était *Hosanna au plus grand des monarques.* Après d'aussi agréables souvenirs, en voyant la France qui ne seraient plus celle de son temps, partout ces changements divers qui ont eu lieu, il dirait aussi, depuis ma mort, il s'est donc écoulé bien des siècles? sans doute que, grand nombre de générations se sont succédés, cette belle capitale que j'ai connue autrefois, à son triste abord, semble n'être plus Paris à cause de la disparition des beaux sites qui l'environnaient; mais on lui répondrait que ces changements sont l'ouvrage du ministre de 1840, dont on lui avait parlé à cause de sa panique dont un monsieur Allard est chargé de la direction. C'est en grande partie pour ces travaux que M. Thiers, premier ministre alors, en 1840, vida le trésor publique, de plus, fit une dette de plus d'un milliard, sans autre autorisation que des ordonnances de sa fabrique signées du Roi, mais légalisée, l'année d'après; avec toutes ces déprédations il se fit des amis et comme n'étant pas seul, ses amis redoutant un conflit fâcheux, rapport à leur intérêts, il fut absout par un verdic qui ne lui infligeât aucune peine, mais les faits manifeste restent; ainsi, Napoléon, malgré votre grand pouvoir absolu vous voyez que ces hommes ont osé ce que vous n'auriez pas fait, même dans un grand besoin, sans le concours de votre conseil; il y a plus, on dit que votre intention était qu'il en soit ainsi, je crois même qu'on a dit que vous aviez fait des plans à ce sujet qu'on a suivis. En lui prêtant de tels intentions, Napoléon ne pouvant contenir son indignation : arrête, dirait-il, jamais je n'ai pensé faire de Paris une des plus fortes places de France, et encore moins de protéger cette nation insulaire. Souvenez-vous que je n'ai pas oublié que dans tous les temps, l'Angleterre fut la plus cruelle ennemie de la France ; je tenais à venger ses perfidies et ses outrages et le mal qu'elle a fait au pays, ainsi qu'à moi, et tous les embarras qu'elle a sussités en liguant les puissances de l'Europe avec son or contre la France. Son amitié apparente du jour n'est qu'une véritable hypocrisie pour tirer son peuple de la misère où l'a placé sa monstrueuse ambition, en voulant, tel qu'il est connu, exploiter seul le commerce du monde par tous ces procédés mécaniques pour produire plus avec moins de bras: Malheureusement, la majeure partie des nations de l'Europe ont voulut l'imiter, en produisant bien au delà de leur consommation et débouché. Vous voyez aujourd'hui combien souffrent les peuples de toutes les nations qui ont voulut produire plus avec moins de bras, comme s'il n'était pas indispensable que l'homme soit occupé. Exemple : près de vous, vous avez la Belgique qui, après la France, est le sol le plus riche, qui produit tout ce qui est nécessaire à la vie en surabondance, et égale en industrie ; cependant, à cause de toutes ces innovations, toute la classe ouvrière est contrainte de chercher, dans d'autres pays, du travail pour vivre; beaucoup même vont au Nouveau-Monde; mais pour la plus part notre belle France est toujours le réceptacle de ces étrangers, son humanité, son urbanité, la fait chérir et rechercher ; mais il faut craindre que le peuple français ne soit victime de sa philantropie, attendu que la plupart de ces étrangers, domestiques, ouvriers, sont généralement peu civilisés; beaucoup de vices sans moralité, principalement les Anglais, gens très corrupteurs, ce qui est très préjudiciable au moral du pays, qui déjà est assez malade depuis que vous avez ces étrangers, car, bientôt, pour le peu que cela dure, le peuple Français ne sera plus qu'un peuple de Métis, d'où disparaîtra cette belle race pure si renommée, dans d'autres siècles mêmes sous mon règne.

Oui, j'attachais le plus grand prix à tout ce qui pouvait faire le bonheur du peuple , comme celle de la gloire pour la patrie, on sait tout ce que j'ai fait pour la prospérité du commerce; pour faire travailler les fabriques je fit brûler , comme on a dit, les marchandises des fabriques d'Angleterre pour faire travailler celles de France, je fis armer des corsaires, je les protégeais et les encourageais ; la Manche en était couverte , chaque jour on voyait entrer de nouvelles prises dans les ports , particulièrement à Boulognes , à Calais à cause de leur proximité de la Manche, ce qui portait un grand coúp à la marine marchande de cette nation, en outre j'avais des vaisseaux dans l'Inde commandé par de braves capitaines dont partie vivent encore en servant la patrie pour soutenir autant qu'il leur est possible l'honneur du pays; Pour mon compte , je repousse l'injure que l'on me fait de croire, que si j'étais encore quelque chose dans ce monde, que j'aurais donné mon consentement pour tous ces désastres que j'ai vus , de même que pour cette entente cordiale, pour favoriser les Anglais, comme on le fait depuis quatre à cinq ans au préjudice des intérêts du pays.

Chemin de fer.

Là, continuant, Napoléon dit :

Il n'est pas indifférent de remarquer que les chemins de fer sont une double charge pour les contribuables, avec les travaux que j'ai fait faire, que l'on cherche à rendre inutiles; et, de plus , la perte d'un grand nombre d'é-

tablissements dont les chefs occupent une infinité d'ouvriers, tels que charrons, forgerons, maréchaux, ca-
rossiers, selliers, bourreliers, tanneurs, corroyeurs,
hongroyeur, mégissiers, aubergistes, rouliers, voituriers
de toutes espèces, qui souvent font des affaires dans les pays
où ils passent, vendent et achètent pour d'autres pays,
plus de diligences, plus de maître de postes qui réclame-
ront des indemnités, plus de postillons, ces jolis écuyers
qui font si bien claquer leurs fouets, pour être entendus
de leur femme et de leur belle, comme le postillon de
Longjumeau; on sait que personne plus que moi n'a
fait mettre le pied dans l'étrier à ses intéressants écuyers;
ensuite que deviendront les rivages des fleuves, rivières
et canaux, où j'ai encore fait faire tant de travaux; on
ne verra plus ces courageux mariniers, qui aussi, don-
naient la vie au pays où ils passaient; plusieurs branches
de commerce auront à en souffrir, même l'agriculture
et les personnes qui se livre au commerce du lin et du
chanvre pour la corderie, où grand nombre d'ouvriers
sont occupés, de plus, les constructeurs et réparateurs
de bateaux fleuviaux. Quand on aura 12 à 1400 lieues
de chemins de fer avec embranchement dans toutes les
parties de la France, pour lequel un million d'arpents des
meilleures terres seront sacrifiées. Il est impossible d'énu-
mérer les millions de personnes qui auront à souffrirde ces
nouveaux chemins qui viendront ajouter au grand
nombre que les innovations mécaniques ont mis sans
travail, bien que quelques personnes soient occcupés

pour le moment à ces travaux; mais, que feront-ils, quand ils seront finis! Ensuite, qui profite? les Anglais, entrepreneurs généraux de ces chemins, des Mackensy et Cie, des ouvriers anglais préférés aux Français, payés double et triple, quoique les Français fasse autant d'ouvrage. Le Français a plus de vivacité et d'énergie que l'Anglais; cette fureur d'anglomanie et d'innovation en France est inconcevable; peut-on oser qualifier d'utilité publique toutes ces expropriations forcées. Ce sont des Anglais qui viennent et viendront dire à des Français: au nom des lois de votre pays, il vous faut quitter votre maison, souvent avec un beau jardin pour le dévaster ; quelle douleur d'être contraint de quitter ces lieux où l'on est né, qui fut celui de notre enfance, qui rappel à l'homme le souvenir des plus doux et des plus agréables plaisirs. Il sont d'autant plus chers, qu'ils furent souvent aussi celui de nos pères et de nos aïeux ; car, combien en serait-il qui pourraient remonter jusqu'à six, huit et dix générations; est-il une indemnité qui puisse compenser ces choses! Un tel ordre, une telle contrainte intimée par ces insulaires à un bon Français le fera mourir deux fois. Déjà il est des exemples de Paris à Rouen, qui ont souffert de ces expropriations; dans un âge avancé, la douleur est telle, qu'elle ne finira qu'avec la vie.

Pour aller de Rouen au Havre, il y aura un grand nombre de tunnels sur 22 lieues, qui seront sans doute, éclairées par le gaz, dont l'odeur ne sera pas agréable dans ces voies souterraines, ce qui sera bien différent de ce bon air que l'on respire sur les belles routes ; de plus, l'agrément et les plaisirs que font toutes les belles vues pittoresques des pays surtout dans la belle saison , quand la nature paraît dans son éclat; que de beautés, que de richesses ; cela ne compense-t-il pas bien cette célérité qui ne sera au plus que d'un cinquième ou sixième , avec leur embarcadère et débarcadère ; passant sous les tunnels d'une grande étendue , les dangers sont plus grands que sur les plateaux, malgré toutes les précautions que l'on prennent pour les prévenir. Hélas ! depuis cinq ans, combien est-il arrivé de malheurs! n'eussiez-vous que celui du 8 mai 1842, de Versailles à Paris, ce serait déjà trop. Parmi mille autres événements semblables, plus ou moins grand ; peu de jours se passent, sans qu'on entende parler de quelques malheurs même aux travaux de ces chemins. On donne 2 francs par jour aux ouvriers français blessés , pour eux et leurs familles. J'ai tout fait pour que la France soit heureuse ; j'ai voulu le bonheur du peuple autant que sa gloire, et non tout ce qui est contraire au bien général, encore moins ce qui peut l'humilier et lui faire perdre de sa grandeur comme une nation digne d'être au premier rang de toutes les nations , et encore bien moins la pensée d'être utile aux Anglais. Si la France veut des chemins de fer, son sol plus riche en tout que celui d'Angleterre, produit tout ce qu'il faut pour en faire aussi bien que les Anglais; tout l'argent qu'on donne aux Anglais resterait dans le pays et ferait du bien, il n'est pas indifférent de voir tous les bois qu'on emploie à ces chemins, ce qui contribuent beaucoup à la cherté, ensuite rien ne la presse ; les travaux que j'ai fait faire ne font pas encore-faute ; hélas ! il est assez de maux sur la terre sans en ajouter un si funeste ; à la fin de 1805 je n'ai pas eu besoin de ces chemins pour venir du camp de Boulogne donner la bataille d'Austerlitz, avec un matériel que ne pourrait transporter les chemins de fer (à moins qu'il n'en soit fait exprès), le 4 décembre, le soleil brillait, le canon tonnait, les glaces la rigueur du froid, tout semblait me favoriser, j'étais absolu ; mais ma gloire était celle de la France. Quoiqu'il en fût de mon caractère belliqueux, les sciences, les arts, le commerce étaient l'objet de mes soins ; le vrai mérite était récompensé; parvenu à la plus haute période de prospérité, on sait ce qu'il m'est arrivé. Tant il est vrai, comme on a dit, que rien n'est stable dans la vie ! les grandeurs ne sont que passagères et souvent avec des fruits bien amers; dans la prospérité, l'homme oublie qui n'est qu'un homme, à qui la providence a tracé des limites, alors qu'il veut les franchir, il fait les plus grandes fautes et il ne lui arrive plus que malheurs; j'en suis un exemple peu commun, c'est aux mortels d'en profiter, en se mettant en garde contre cette vanité d'amour-propre qui fait notre tourment en voulant toujours être le premier.

Exilé loin de ma patrie, dans une petite île peu habitée , Saint-Hélène , sous le tropique du capricorne , par l'espérience des viciscitudes humaines , j'ai pu méditer ce qui pouvait être un mieux ; j'ai souffert l'orgueil de mes geôliers , j'ai demandé pardon à Dieu, j'ai su mourir , non sans douleur , en pensant à cette belle France que j'ai toujours chérie , et en désirant d'y voir reposer mes cendres ; grâce qui me fut accordée un peu tardivement ; mais enfin , j'ai ce bonheur. Alors que j'arrivai au pied du tribunal suprême , où le grand juge, le roi des rois préside , la justice préparait son glaive , mais la clémence à genoux demanda ma grâce , alors , celui dont la miséricorde est bien plus grande que nos fautes daigna me l'accorder et m'admettre au séjour des bienheureux , dans les champs Elisiens, près des grands monarques qui ont gouverné la France , pour le plus grand bonheur du peuple qui faisait leur gloire. Souvenez-vous que le gouvernement de la multitude est le pire de tous les gouvernements ; les petits états souffrent plus que ceux des grands royaumes ; sans cesse ils sont en guerre avec eux-mêmes. Après en avoir fait l'expérience depuis longues années, principalement depuis quatorze ans, vous voyez où vous conduisent vos faiseurs de gouvernement à bon marché ; ils vous ont fait un budget monstre, que le souverain le plus absolu, le plus despote, n'eût osé. Vos hommes du pouvoir avec leur satellites, sont de véritables sangsues du peuple. Malgré mon pouvoir absolu, avec mes 106 départements, le peuple ne payait que moitié , à l'approche de la belle ville de Paris. Vous voyez à quel emploi des sommes énormes ont été employés de même que pour la construction des chemins de fer, pour faire plaisir à l'Angleterre, ce qui ajoute infiniment à cette grande protection qui leur fut accordée ; il semble que les conseillers de la France sont une réunion de mauvais génies, pour faire souffrir les Français et faire des mécontents ; je le dis avec douleur, il semble voir la France sur un volcan, à cause de toutes ces déprédations et de cette sympathie anglomane ; bon que les deux nations soient en paix l'une avec l'autre, mais il ne faut pas, en quelque sorte, que celle faite pour commander soit victime et vassale de l'autre ; c'est trop s'oublier ! D'après ce que j'ai vu, à dire vrai, tel que j'ai dit, le peuple Français d'aujourd'hui est méconnaissable jusqu'à sa mise, avec ces vêtements qui empêchent de voir les belles formes de l'homme, mieux vaudrait le haut de chausse et la colerette des siècles passés, rien n'est plus beau que la belle et simple propreté.

En résumé, je dis qu'il faut à la France, comme à tout grand royaume, un chef avec grand pouvoir, qu'il s'appelle Empereur ou roi, peu importe, avec un bon conseil, il ne peut mal faire ; s'il s'oublie, qu'il ait des volontés préjudiciables aux intérêts et à l'honneur du pays ; dans ce conseil il est des hommes capables de le ramener à ses devoirs ; nous avons plus d'un exemple de ces choses. Ce conseil doit être formé d'hommes de capacité, et autant que possible inamovibles et même héréditaires, attendu que ce n'est qu'avec le temps et l'expérience pratique qu'on peut acquérir les connaissances nécessaires pour bien administrer, car de tous vos progrès si vantés, qu'il semble que jamais avant votre anglomanie, il n'y eut rien de bon ; eh bien , de tous ces progrès, je ne vois de remarquable que votre *budget.*

Souvenez-vous aussi que l'agriculture et le commerce sont les deux mamelles confortables du genre humain , de plus, la force d'un état comme l'agriculture est la première chose d'où découle tous ces avantages nécessaires au besoin de l'homme, il ne faut pas oublier pour l'engrais, les soins à donner aux animaux domestiques , aux moutons surtout, qui procurent le meilleur engrais et le plus hâtif ; de plus, ils fournissent de quoi nous vêtir , avec sa fourrure nous pouvons braver le temps le plus rigoureux ; après de si grands biens, hélas ! on l'égorge, et après sa mort, il nous donne une viande des plus succulentes ; de tous les animaux pour l'homme, c'est le plus utile : en parlant du mouton , je me rappelle le souvenir d'une grande infortune à la mort duquel le machiavélisme anglais n'a pas peu contribué. C'est ce roi martyr dont j'ai occupé le trône que j'ai trouvé vide ou bien plutôt un trône que j'ai élevé sur les degrés de celui qu'ont si cruellement brisé ceux qui l'ont trahi , abusé de sa confiance et de son excessive bonté , quoi qu'en ait dit la plus infâme et noire calomnie; ce roi avait de grandes connaissances, dans le génie , ce qu'il a prouvé dans son voyage à Cherbourg en 1786 pour la construction du port de cette ville dont j'ai suivi les plans qu'il avait tracés ainsi qu'au Havre. Malgré tous les obtacles et mauvais vouloirs des Anglais, à qui ces travaux déplaisaient. Tout ce qui pouvait faire le bonheur de son peu-

ple faisait le sien ; pour être favorable à l'agriculture ,
il fit venir des troupeaux d'Espagne , du côté de Sarra-
gosse, dont la laine est la plus estimée, moutons mé-
rinos qui paissaient sur les montagnes de l'Ebre à l'ouest;
pour les abriter, il fit construire des bergeries à Ram-
bouillet; grand nombre de fermiers en furent favori-
sés et firent des métis ; des rois qui ont gouverné la France,
il n'y en eut pas qui eût plus de droit à la reconnaissance du peuple; puissent les Français, après tant d'ex-
périences et fait l'essai de tous les gouvernements depuis
56 ans, se défier, plus que jamais, de tous ces flatteurs
du peuple qui ont étudié l'art de le tromper. Français !
cher Français ! il est temps de vous retremper dans cette
belle nationalité qui fit la gloire de vos aïeux ; j'aime
à croire qu'il est encore quelques hommes dont le pur
sang dans les veines fera entendre cet ancien amour de
la patrie ! qui dira, tout par la France et rien que pour
la France ! Peuple que j'ai tant aimé , soyez mieux inspiré, Dieu vous bénisse et vous protège , en attendant
qu'il en soit plus heureusement pour vous , affligé de
tout ce que j'ai vu, je retourne aux champs Élysiens, séjour des heureux, où les vertus sont récompensées, pour
jouir à jamais de cette douce et pure félicité inconnue
aux mortels.

Dans les circonstances où nous sommes, on peut
croire que c'est ainsi que parlerait Napoléon. S'il s'est fait
des fortunes dans le commerce, ce n'est pas depuis 1830 ;
on les vit éclore principalement sous la restauration, et

sans chemins de fer. Quand tous ces chemins projetés seront finis, s'ils finissent, on peut prévoir, sans être prophète, qu'ils n'auront pas vingt ans de vie en France. Les personnes qui sont dans l'aisance, à cent, cent-cinquante et deux cents lieues de Paris, viendront dans la capitale pour acheter ce dont elles auront besoin et suivre les modes. Paris est une ville où mille appas divers provoquent les passions; on aura fait ses adieux au pays pour deux mois au plus, on se sera pourvu d'argent ou d'un crédit en conséquence, un mois à peine, peut-être, se sera écoulé, que l'on se trouvera dans la nécessité d'aviser à de nouvelles ressources; l'esprit sera fécond en prétextes spécieux qui donneront lieu aux familles de faire des sacrifices qui les mettront dans la gêne; les affections du cœur seront émoussées, l'oubli prendra la place, et les sentiments de la nature seront étouffés; car, dans cette ville, il faut avoir une force plus qu'humaine pour ne pas succomber à la tentation de tous ces appas. Ensuite, les marchands des pays éloignés auront à souffrir du peu de vente qu'ils feront, ce dont on a déjà de grandes preuves; pour la moindre contrariété, les époux, les épouses, les enfants quitteront la maison, ils se mettront en voyage souvent avec des voleurs qui sont en grand nombre, à présent, sur ces chemins; il y en a tant qu'il n'y a plus assez de prisons aujourd'hui; comme ils ont de grandes relations, ce qui est volé dans un pays, la nuit, est à cent lieues, douze ou quinze heures après; les verdicts de peines atténuantes semblent les encourager.

Si les crimes, aujourd'hui, étaient punis comme autrefois, il faudrait que les échafauds soient en permanence, comme aux jours sinistres de 1793 à 1795. En général, les causes de toutes ces choses affligeantes sont dans l'oubli des devoirs sacrés, dans une liberté mal comprise et dans tous ces moyens de produire plus avec moins de bras. Il est de toute nécessité qu'il faut que l'ouvrier soit occupé et rétribué en conséquence, pour avoir un indispensable nécessaire qui puisse suffire à ses besoins. C'est ainsi que l'entendait Napoléon qui fut prodigue en hommes, mais qui, en compensation, procurait à la France toutes sortes de richesses. S'il eût vécu, avec quelle énergie n'aurait-il pas repoussé toutes ces innovations mécaniques qui nous rendent tributaires de l'Angleterre. Tout ce que j'ai fait connaître à l'égard de l'industrie et du commerce est, en partie, la reproduction de ce que j'ai écrit dans mon essai sur l'industrie générale en 1836, dont j'ai adressé le manuscrit à M. le Maire de la ville de Rouen qui me le retourna avec une lettre des plus obligeantes. A l'égard des chemins de fer, je puis dire avec confiance que plus des huit dixièmes des français les repoussent autant que toute cette anglomanie qui fait tant souffrir le pays. En vain dira-t-on que c'est la mode en Europe, mode dont la France se serait très bien passée ; ils sont pour elle une charge de plus, à cause de tous ces étrangers qui viennent chez elle. Qu'avons nous besoin de tout cela, puisque notre belle France est le pays où le sol produit en surabondance plus que toute autre nation du monde, tout ce qui est nécessaire et agréable à la vie, c'est pécher mille fois que de ne pas savoir nous contenter de tant de bien. Nous avons tout ce qui peut généraliser le commerce avec avantage par notre situation topographique. La France baignée par trois mers au nord, à l'ouest et au midi. Nous avons tout ce qu'il faut pour être heureux, autant qu'il est humainement possible de l'être ; dans leur intérêt les chefs des nations devraient s'entendre pour que ces peuples qu'ils gouvernent soient occupés utilement avec avantage dans leur pays, sans être dans la nécessité d'aller dans d'autres pour chercher une existence, et repousser avec fermeté cette anglomanie de produire plus avec moins de bras. En attendant que nous soyons mieux inspirés, n'oublions pas que le vrai moyen pour être heureux, c'est en premier, la tempérance en toute choses, car combien en est-il qui souffrent pour s'être oubliés.

Tel que j'ai dit, le principal motif de mon sujet étant ce qui a rapport au commerce, qui fut une inspiration divine pour réunir les hommes en société à cause de nos besoins ; attendu qu'ils commandent aux égards réciproques, d'où découle cette douce et grande satisfaction qui fait tant plaisir au cœur ; enfin le commerce est l'âme de la civilisation, bénis soient ces Phéniciens qui, par le commerce des peuples les plus barbares, ont fait des peuples les plus civilisés.

Je finis en disant, avant tout : soyons national, vive et vive à jamais la France, ma chère patrie, Dieu la protège.

LALOU Jne.

Rouen, le 15 octobre 1844.

Comme ce sont les travaux que Napoléon a fait faire pour le commerce qui ont donné lieu à ce petit ouvrage, et comme il était le grand ami de ces antinarcotiques, le tabac et le café, qui tiennent l'esprit éveillé, ce dont il avait besoin pour méditer ses projets et les mettre à exécution ; j'ai pensé qu'il ne serait pas déplacé de voir ici l'éloge du café, par un auteur sublime, digne du grand homme, chose qui ne peut que lui faire plaisir.

Eloge du Café.

OBSERVATIONS.

Comme il n'est question que de l'éloge du café, j'ai pensé ne pas parler de personne, quoique d'un rare mérite, point de doute que si l'on eût fait usage du café du temps de Virgile, il l'eût adoré comme Voltaire, ce qui n'aurait pas diminué le charme des Géorgiques et Enéïde du premier, autant que la Henriade du dernier.

Délicieux Moka, la fève enchanteresse
Réveille le génie et vaut tout le permesse,
Est-il une liqueur au poète plus chère,
Qui manquait à Virgile, et qu'adorait Voltaire.
C'est toi, divin café, dont l'aimable liqueur,
Sans altérer la tête, épanouit le cœur.
Aussi, quand mon palais est émoussé par l'âge,
Avec plaisir encor je goûte ton breuvage.
Que j'aime à préparer ton nectar précieux !
Nul n'usurpe chez moi ce soin délicieux.
Sur le réchaud brûlant moi seul tournant ta graine,
A l'or de ta couleur fais succéder l'ébène,
Moi seul contre la noix qu'arment ses dents de fer,
Je fais, en le broyant, crier ton fruit amer ;
Charmé de ton parfum, c'est moi seul qui dans l'onde
Infuse à mon foyer ta poussière féconde ;

Qui, tour à tour calmant, excitant tes bouillons,
Suis d'un œil attentif tes légers tourbillons.
Enfin de ta liqueur lentement reposée,
Dans le vase fumant la lie est déposée ;
Ma coupe, ton nectar, le miel américain,
Que du suc des roseaux exprima l'Africain,
Tout est prêt : du Japon l'émail reçoit tes ondes,
Et seul tu réunis les tributs des deux mondes.
Viens donc, divin nectar, viens donc, inspire moi :
Je ne veux qu'un désert, mon Antigone, et toi.
A peine j'ai senti ta vapeur odorante,
Soudain de ton climat la chaleur pénétrante
Réveille tous mes sens ; sans trouble, sans chaos,
Mes pensers plus nombreux accourent à grands flots.
Mon idée était triste, aride, dépouillée ;
Elle rit, elle sort richement habillée ;
Et je crois, du génie éprouvant le réveil,
Boire dans chaque goutte un rayon du soleil.

DELILLE. Les trois Règnes, ch. VI.

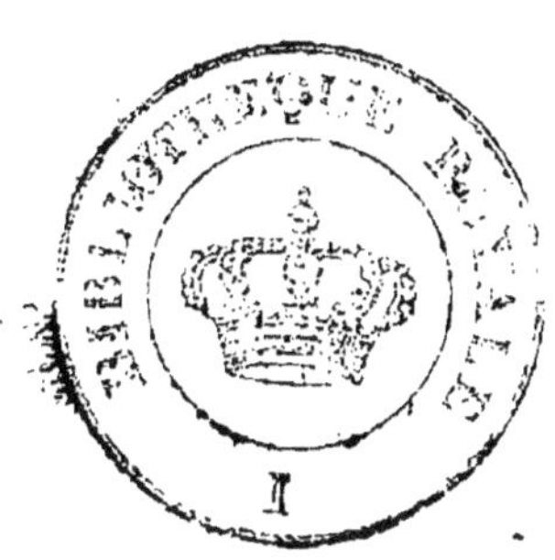

www.ingramcontent.com/pod-product-compliance
Lightning Source LLC
Chambersburg PA
CBHW061249030726
47595CB00004B/1764